出　海　口

Estuary

齐匡之　著

竹和松出版社

出版：竹和松出版社（Zhu & Song Press）

Zhu & Song Press, LLC

North Potomac, Maryland 20878

书名：出海口

著者：齐匡之

责任编辑：朱晓红

责编信箱：editor@zhuandsongpress.com

封面设计：竹和松传媒

出版社网址：www.zhuandsongpress.com

印刷地：美国，英国

开本：8.27 inch x 11.69 inch

字数：30 千字

印次：2024 年 6 月第 1 版

发行：全球（中国大陆除外）

ISBN-13：978-1-950797-42-4

ISBN-10：1-950797-42-2

电子版 ISBN-13：978-1-950797-43-1

电子版 ISBN-10：1-950797-43-0

2005 年 10 月，南京绿博园

作者简介

齐匡之，笔名匡之。1950 年生于南京。籍贯天津。

是"老三届"一份子，曾插队高淳县顾陇公社松溪大队笠帽墩村。返宁后在南京市五金机械公司仓库工作，后任公司计统科专职商业情报员。就读于南京大学中文系，文学士。

曾辗转工作于数家企业，经历了国营五交化批发企业盛极而衰最后被外资集团收购兼并的全过程。

诗集《今夜无梦》和中篇小说集《简单程序》千禧年由黑龙江人民出版社出版。另有数百篇文学作品散见于国内《诗刊》、《江苏文艺》、《新华日报》、《雨花》、《南京日报》、《青春》及香港《新晚报》、美国《世界日报》等各家报刊杂志。1986 年成为江苏省作家协会会员。

自上个世纪九十年代初不再给报刊投稿，闭门尝试感兴趣题材长诗创作，题材遍及两千多年前的牧野之战、十九世纪太平天国攻占南京及后来湘军攻陷天京、辛亥革命、二十世纪日军攻占南京、知青节拍等重大历史事件。

近年致力于"五古"（五言古体诗）的创作，所作一系列长篇五言古体诗，重点表现南京古城墙、雨花石、六朝建康繁华、历史胜迹、器与人之间关系、多维世界等，"以箫和歌"，体现南京悠久文化历史的独特魅力，实现形式和内容的统一。

目录

出海口

一

浩浩淼淼，

气象恢宏。

这就是出海口，

坐落在半空中。

阳光照不到你的边缘，

视线量不尽你的无穷。

巨浪卷日，

厉风纵横，

霞霓流火，

云雾峥嵘。

一时三变的色彩哟，

恣肆涂抹风景；

翻云覆雨的波涛哟，

任意呼雨唤风；

江河像瀑布直落在面前哟，

铺张出磅礴气势；

海洋像旋风拔地而起哟，

高高地悬在空中。

涣涣兮波涛澎湃，

泱泱兮潮水汹涌。

啊，天地为之倾倒，

山河为之震动。

一路披星戴月的潮汐哟，

犹如是垂天而降的雪崩。

千仞浪峰竞相夭折哟，
万座火山在水下暴动。
浪在腾旋，
波在俯冲，
涡在翻滚，
澜在进攻。
撕碎钢礁铁崖，
飞抛惊雷迅霆，
吞吐星汉斗宿，
主掌云落雾升。
为争夺每一座制高点，
浪花和礁石拼上了白刃。
力咬力哟，
命兑命，
以猛制猛哟，
以勇克勇。
万钧浪涛落处，
巉岩碎成了一缕清风……

好一个出海口啊，
江河是杠杆你是支点，
举落着日月星。

　　二
大气磅礴，
鬼斧神工。

这就是出海口哟，
江河苦苦寻求的梦境。
一彪奔流的大军哟，
投入壮丽的事业中。

襟怀八万里海风，
足踏十数丈蛟龙。

这就是出海口哟，
水天一色交融。
面前是无限开阔，
身后是踏平的荆程。
弥高境界归于你，
舒展博大和宽容，
柔肠弯曲的河道哟，
气吐浩瀚长虹。

殷殷众望归于你，
归于你无上的光荣，
千江万河的事业哟，
一起投入无穷。
生命光辉归于你，
构筑起万象一统，
石斧骨针，文治武功，
老庄哲学，四书五经，
数不清的思想和主义，
全部化入大同。

啊，出海口，
你是万水之汇，
你是天庭之镜，
你是历史之炉，
你是新世纪的接生盆。
啊，心生双翼哟，
力拔九鼎，
向着壮丽的前方，

谁不在日夜兼程？

一切自私的人，
虚伪的人，
在这里战栗了，
惭愧地掩住了眼睛。
一切坦荡的人，
自信的人，
在这里大笑了，
骄傲地挺起了肩胸。
凭借着大浪淘天，淘天的大浪哟
分出了生命的轻重。
让过去永远成为过去吧，
未来在理想中永生。
历史的出海口哟，
浪千顷。

好一个出海口哟，
江河是轨迹你是行星，
壮丽地投向光明。

写于 1986 年 2 月

发表于 1986 年《雨花》11 月号

4

酒，一种有思想的水

人形的铜器，装满有思想的水
两千载沉思的尽头是单一纯粹
生于斯者还大地一片轰轰烈烈
醉了，才能道出个中三昧

流入大泽，古奥的波纹体九曲连回
幻化出一篇篇精湛的文萃
渔火下夜读，竟不知东方既白
在灿烂的古文明中陶醉

流入山间，忽听见地声隆隆
在草根的电路板上放大了百倍
上古偈语传遍了四面八方
每一根茎，每一片叶，每一朵蕾

普通的水，人们加进了什么
日光月光下不停地勾兑
清澈依旧，魂魄却出神入化
一入怀，热血便如汤如沸

这是一种由口而入的思想呵
唤醒人格，阻止人们向生活下跪
潜意识一层层向上浮现
受难的肢体抒写出大无畏

心头流血就需要饮酒
补充更多的活力、热量和惑魅
从内到外，让一切重新开始
析放出夺目的光辉

伛偻着背，老酒工像一道虹倾向酒缸
枯臂轻摇，把心语一下下搅碎
沉默从来不是无话可说
美酒清澈饱含着无穷智慧

从铜锈斑斑的大汉帝国流来
这页诗最宜折成一尊酒杯
再品一口中华的江河湖海吧
今夜是不是有了浓浓韵味

写于 1992 年 3 月 4 日

发表于 1992 年《雨花》10 月号

进长安

我迟到了，长安，
没赶上科举考场的钟磬。
一颗急促跳动的心
叩响你包金的城门。
开开门吧，
一名赶考的南方青年来了，
发自内心的呼唤
一遍遍冲击双唇。

身后是一条漫长道路，
车辙深深，录下赶考的足印。
千年蜀道比不上仕途艰险，
在历史地图上曲折延伸。
马蹄踏碎了一路吟哦，
篝火照亮了露宿的艰辛。
大河上下的举子们啊，
夜夜枕着那咆哮的雄浑。

终于望见你辉煌殿宇了，
长安呵，谁不是一见倾心。
毕其一生的苦难、痛楚和绝望，
须获得时代的承认。
从一次次没顶之灾中挣扎过来，
莫忘了历史的教训：
谁要在堂皇金榜上啊，
标一行空洞的姓名？

我来了，我们来了
攀过了山高，涉遍了水深。
来参加 21 世纪的大会试呵，
续写那继往开来的诗文。
通都大邑铺开了稿纸，
乡镇经济是锦绣的绢本。
一代凤鸣虎视的青年来了，
长安城外，等急了顾盼的眼神。

于是，迎宾号角连天响起来了，
长安呵，为我们大开城门。

写于 1980 年

武夷四章

水绳

  ——武夷山的水帘洞，一束清泉由数十丈绝
  壁上方飘悬， 其下方的"水帘茶庄"从崖
  头引下一根弧形长绳，牵水入池

这是几股水丝编制的绳么？
弧形地，系住一缕飘悬的清甜。
上方是银河小小的缺口，
下面是数万万干渴的心田。

没来得及饮上一口甘露呢，
早已湿透了一片由衷的感叹。
简单的工程也能变成伟大的奇观，
生活中，为什么不千遍万遍出现……

天车架

当每一寸土地烫脚的时候，
绝壁上攀挂起藤蔓般脆弱的求生愿望。
刀枪闪亮，飞矢如雨，村庄一片火海，
入地无门，命悬一线，藏去天车架上。

紧拥大山入怀，岩石是凸起的肌肉，
受尽践踏的野草一片片刺出了锋芒。
历史的景致从来出乎意外呀，
视线如索，深深地挽出心底一片清凉。

山隙

透过十万万吨岩石的缝隙，
世界无意中流露出迷人的瑰丽。
我挣扎，扑腾四肢，向前攀爬，
脱壳鸡雏湿淋淋扑向一片希冀。

我如愿以偿，得意让我迅速膨胀，
"新我"又变成旧我，山缝不再创造奇迹。
不凡地回瞥山隙，马上又后悔了，
心对灵感的祈祷，永远只能是一次。

荡筏九曲溪

竹筏顺着溪水划进诗行里了，
夹岸风光是一曲曲迷人的韵响。
一根竹篙不停地触触点点，
九曲溪，好一篇点状元的华章。

我欲乘筏凌空飞去，
九曲其韵啊，一路上边吟边唱。
日月动容了争来聘我，
昼赠一溪日华，夜送一溪月光。

写于 1987 年 3 月

发表于 1987 年《雨花》5 月号

北京底片

早晨十时整
北京街头空无行人
一排排林荫树拔脚狂奔
追逐着转瞬即逝的生命

早晨十时整
北京街头没有车流
长安街变成一条高速传送带
一声车笛铸成一个闪光的螺帽

早晨十时整
北京街头是一长串底片
从生活的显影液中高高拎起
每一张都出乎意外

这就是亿万人眼中的北京
黑白颠倒的一点影像
你习惯这样看，不习惯那样看
无穷忧伤常常奔来心底

写于 1987 年

大海情思：风暴篇

渔船像野马狂怒飞奔啊
陷入了沟坎，又坠入深谷
水手紧拉帆索，身体绷成了一张弓
要和狂傲的风暴决一胜负

巨浪扑面，刚喘口气便哈哈大笑
绝处逢生，又忍不住失声恸哭
一见钟情爱上大海就死不悔悟
一般辛苦从此就不叫苦

浮肿的牙床咬紧折断的天线
受伤的脊背把漏水的船舱堵住
也许一小时，也许三天三夜
就这样死去，死也不屈服

船又翻了，翻了倒比现在舒服
我就像一个绳结嘎嘎地收紧筋骨
牵扯我的外力一旦消失
留下的我比从前更加坚固

网里的鱼群被巨浪托上天空
太平斧猜中了，风暴抢夺的是这包袱
不能砍，网绳是儿童伸向鱼碗的筷
风暴账上的支出，咱偏要改成收入

终于，脚尖回到甲板，船身压平狂涛
航海日志上只留下一行平淡的纪录

我望着大海，大海也望着我
眉眼间交流着热恋的倾诉

写于 1985 年 3 月
发表于 1985 年《雨花》8 月号

我望着大海，大海也望着我
眉眼间交流着热恋的倾诉

大海情思：归帆篇

一群群水鸟扑打翅膀
落下海面，化成点点归帆
倾斜着，沉重地驶向渔村
帆顶染上晚霞的灿烂

帆面收容了刀刃般的利风
纤维浸透了铅汁般雨点
渔帆上密麻麻的针脚啊
记录下出海人几多诗篇

一方方补丁是一块块老茧
一缕缕帆索是一节节肌腱
撕破了，磨损了，薄如丝帛
环球的风，争在后面送你向前

去时像一面洁净的明镜
归来似一方飞天的魔毯
卸货时也卸下惊险的经历
一同交给接船的渔家少年

弧形的渔帆充满了信心
把每一次归来变成了凯旋
出鱼啊，补水啊，年轻渔民培训啊
又一次回到了比赛的起跑线

问自己吧，看过归帆的朋友
那弧状的造型是否合你心愿

啊，拉起主帆，升高边帆和角帆
这一次归去，就要尽量装满

写于 1985 年 3 月

啊，拉起主帆，升高边帆和角帆
这一次归去，就要尽量装满

写意闽南树桩盆景

你是凝固在半空中的一缕琴音

你是修行百年的面壁僧人

你是喷薄千里的甘甜山泉

你是风姿绰约的流动白云

你是苦苦坚持的一种眷念

你是欲露又藏的名士精神

你是独一无二的即兴宣言呵

你是展翅巡天的矫健绿隼

你是大都市浓荫下的一片轻盈

你是瞬间现身的翩翩梦魂

你是家谱上核心的那个链接啊

你是迷宫中关键的那扇暗门

你是我梦魂牵绕百思不解的谜哟

你是普通的闽南树桩一盆

写于 1983 年 10 月

长白山断想

一片燃烧的星云
一只抓紧的铁拳
在地球上威严地升起
啊，长白山

护林员下山来了
一路靴印写下优美的诗篇
采药人下山来了
背篓传出人参娃娃的呢喃

我也下山回来了
迎面撞见了上山时的我
只见"他"弯腰屈膝，呼吸沉重
双腿重得像灌满了铅

我释然了，一把扯下那只背包
把一路的重负全部抖散
让上升的心灵摆脱身外之物
更快地接近高耸云天

一爿浩瀚美丽的天地
一枚随风飘扬的叶片
这就是，长白山
和我的诗篇

苏州，2500 年的一个潜意识

——写在苏州建城 2500 年

绷直了一双双杂乱的视线
伞绳下坠着一段沉甸甸的"辰光"
苏州，你背后的地球是一顶打开的降落伞
承受着对你思考的全部重量

古老盘门大开水陆两重城门
让 2500 年历史从容流淌
一座城市，生命凑成了一个整数
如何落笔你生日的贺章

回到那泰伯奔吴的日子里
吴文化的基石古老而高尚
泰伯和仲雍以采药为名
把周王朝的王位禅让

阖闾大城的磅礴气势
赢来了世界的敬仰和赞扬
城毁七次，文明屡毁屡建
灿烂的吴文化一片辉煌

看不够你的精致园林呵
走不出你的幽深小巷
听不够婉转昆曲和评弹呵
赏不完瑰丽的华美服装

2500 年了，足够久了
那应该是独一无二的巨人孕期呵

为什么？助产士端详着你发育的尺寸
推来了一张第三世界的小床

漫说你美轮美奂的工业园区
漫说入园的世界500强
抹不去你全球打工者的身份
金鸡湖也辜负了一流的风光

难道要用一个农民工的形象
来设计你2500年的徽章？
苏州，我近百次来到你面前
心头上有几份辛酸和惆怅

为什么你魅力非凡的额头上
尚缺少一顶"最宜人居"的皇冠
为什么创造出世界最美园林的人们
居住总是不够宽敞

2500年，够做多少事情啊
耕牛尚在烈日下一步步垦荒
也许我们用太多时间在磕头
又用了太多时间在互相说谎

苏州，一个2500年成熟的谜
在历史的枝头传播出浓浓馨香
每个人都体会到一种不同寻常
引发了深深思索和回想

初稿于1986年6月
二稿于2010年5月

我想说

我是交通事故的受难者，
当车轮碾过时，我想说……
我是工伤灾难的当事人，
在跳板上踏空时，我想说……
我是飞来横祸的牺牲呵，
我是一场急病的俘虏，
一面久久守候的死神之网，
意外地把我变成了收获。
在生命不得不和我分手的时候，
我是多么想说……

是想透露一个久藏的秘密？
是想重温儿时的旧歌？
是再次对老师说声谢谢……
是真诚地向对手道贺……
或者去告诉长发女孩，
交换的眼波燎成了熊熊大火。
或者拨通一个熟悉的号码，
主动承认是自己的过错……

一大步涉过了阴阳的界河，
眼中有着太多的不舍。
一语不发就诀别人世，
为什么会柔肠寸断心如割？

想做没做的事呵，
堆成了巍巍千重山；
想说没说的话呵，

流成了漫漫地下河。
像一只空荡荡的大碗，
苦等着装进沉甸甸稻禾。
像一间尘封的空宅子，
期待着沸腾起久违的欢乐。

我总是幻想"明天就做……"
来宽恕今天的无为和懦弱。
等到死神一网打尽了，
才明白欺人骗己错上错。
剑锋紧紧抵住我的咽喉，
我想说那不是本来的我啊，
抢过死神的话筒我张嘴就喊，
才发现我根本无话可说……

在最后时刻明白过来了，
等待之花永远不结果。
最重要的话该说时就说，
别把大好人生蹉跎。
明天不是到期付息的存单，
只是一片不毛的荒野大漠。
而人生阶段的每次言行，
刀刻斧凿，早已造就了一个我。

此刻就大声呐喊吧，
此时就奋力去拼搏。
莫让后悔枯黄成一片片秋叶，
无价值地默默飘落。
假如明天就失去了一切，
我心中不该有一丝失落。
想起生活棋盘上一对一迎战，

千言万语，又何妨一句不说。

写于 1977 年

千言万语，又何妨一句不说。

登中山陵

四百级石阶迎面展开
月华下焕发出纯洁的光彩
中山陵上，一步一个高度
与皎月一起升起来

万顷松柏倾听我的足音
追随先驱铿锵的步拍
他是新中华的助产士呵
这里是他猝然倒下的手术台

中山装四只空袋不名分文
留给后人无限升值的新时代
他躺下了，石像犹如一枚白金钥匙
把自由门为中国轰然打开

一庭遗训，夜来是满天星斗
焕发出永不褪色的光彩
让我们用一生一世的努力
去临摹"天下为公"的正楷

背后，那一条江水白绫
来自千河万湖，直通无边大海
不负历史的人，历史也不负他
看，浪花永远摆出"山"的姿态

写于 1987 年 11 月
发表于 1988 年《雨花》2 月号

清东陵

五位帝王的文治武功
浓缩成地平线上的一座座宝鼎
燕山山脉默默承担起责任
收容下大清的五座王陵

权力是最大的迷信啊
陵堂也袭用了权章的外形
一根辫子抽出了中国人的精髓
一千万平方公里在三百年间蛀空

修陵工具也是掘坟的利器呵
关键在于敢争和不争
登上宝顶比肩帝陵四下望去
全新视野收入今人的眼睛

写于 1985 年

水仙花

——漳州是水仙花产地，地富花好人美

一位娉婷少女立在面前
两筐水仙花球依偎在脚边
望着你，眼光中是热辣辣希冀
"先生，请选支'一球九箭'……"

深埋三年哟，水仙花才能够绽苞怒放
久藏不露的心哟变得冲动不安
这眼神埋在心底几多岁月啊？
谁能拒绝呢，少女等了这么长时间

望她一眼，你买花后离去了
谁知道目光在身后究竟跟了多远
终于一抹碧绿刺穿漫天风雪
那修长、那娉婷又回到了眼前

写于 1987 年

发表于 1987 年 3 月 12 日《南京日报》

灵山洞穴追思

是几亿年的痛楚
一滴滴积累
垒成了触目惊心的图腾

是历史的重量
不可阻挡地流向下方
显现出人的模型

一名同胞仰着头
在人形石中迷茫和失落
不知何去何行

导游在门口点数呢
几多是万年的愚昧啊
几多是千载的文明

一切早准备好了
出洞才知道你的身份
人间的一面明镜

写于 1985 年

轨迹

在茫茫人海里
你的轨迹，压过了
我的轨迹

那个交叉点上
日夜亮着一颗星
照亮你我美好的回忆

莫不是双方迷离的目光
刷新了望中之路
三五千里

轨迹，一缕长长的根系
吸不完甘甜和
永久的苦疾

你的轨迹，轻轻压过了
我的轨迹。交叉点
打成个同心结

写于 1989 年 1 月
发表于 1989 年《雨花》4 月号

围棋断想

黑白世界
何时中断过一对一地
争夺呵

经纬线格子
一个个强烈冲突的
漩涡

色差悬殊
才构成了对比明显的
生活呵

黑或者白
生活总不分明哟
下一步落入久久困惑

写于 1976 年

江苏有一千公里海岸线

江苏有一千公里海岸线
这片富庶的土地啊
与波光粼粼的大海结缘

天性开朗的浪花高高跃起
美美地舒展开手脚
无限活力轰轰地投向海岸

于是，金三角不断放大
高速公路编成规则的网络
苏北在棋盘上紧追苏南

大潮退去，海滩上光亮闪闪
捕捞船队沉甸甸地驶来
把遥远的海平线压弯

青年说，海岸是财富的起跑线啊
渔姑说，是一条回家的门槛
又像是宝囊上的一道拉链

致人成功，也致人希望
那一眼望不到边的海岸线啊
一束动力澎湃的江苏电缆

江苏有一千公里海岸线
静静地躺在脚下，转身看
江苏风韵无限变幻

写于 1987 年 7 月

发表于 1987 年 9 月 2 日《新华日报》

翻开石头泉水来

——人们相传，随手翻开济南府地上的石头，
泉水就会喷涌而出

有多少珠宝埋入了地下
让人类挖掘了几千年
矿井、油田……不过是一些浮财
济南，你才是藏宝的锁眼

信手掀开脚下的石头
一股清泉跃入了人间
像一棵水晶树拔地而起
晶莹的树叶把视野填满
一股清泉是一片清白
洗涤世上的污浊和腥膻
一股清泉是一抹晨曦
结束了黎明前的黑暗

汉子用泉水磨砺刀斧
平息了齐鲁大地上的战乱
女人用泉水洗濯自己
解除了分娩带来的苦难
泉水，一个不为人知的秘密
永无止境地往外喷溅
白天流完了，是黑夜
黑夜流完了，是白天

流尽一代代苦难的岁月
流不尽清粼粼的信念
翻开石头，跃起的何止是水花啊
济南地下的宝藏千千万

多少次山崩地裂，家破国亡，
黄河断流遍地冒青烟
翻开石头就涌出一片希望啊
山东的奇迹数不完

翻开心上的石头吧
让泉水喷上高远的蓝天
济南，藏有最珍贵的宝贝
最普通，最常见，最平淡

　　　　　　写于 1987 年

本溪水洞行

洞口，一束明媚清澈的阳光，
轻扯我的袖笼，
要随我一起进洞。

我悄悄挽住那束阳光，
遮上棉大衣，走下湿漉漉阶层。
寒气几次猛烈地扑来，
企图查找我大衣里面的光影。
游船解缆离岸了，摸黑驶去，
我长长地松了一口气，
终于偷越了"国境"。

洞内是自然光线的禁区啊，
游客的眼前是一片浑濛。
黑暗展示出无边的法力，
周围陷入了专制的辖统。
只留下一片昏暗的人造光线，
伪造出更加昏暗的朦胧。

我看见，一条矫健黑龙，
腾空窜出了水洞，
去查看四边的和应。
龙鳞摩擦洞壁，四下是
斑斑点点火星。
水波刺骨般寒冷，
船下是千年的积冰。

我看见，千百件法器，

在洞顶上布好了阵容。
箭镝如雨，剑戟如林，暗器如蝗，
牵一发而全身动。
刀斧手准备一涌而出啊，
处处是暗道、机关和陷阱……

我看见，佛祖起驾，菩萨巡游，
百千法术变换着洞内云风。
"大斜塔"摇摇欲坠
"银波层雪"席卷夜空。
遁身修行的天仙地神啊
一瞬间全部现形。

我看见，人仙鬼神，天灵地宝
急匆匆穿洞而入，
总不见它们的归程。
夜半时分，
远方是电闪雷鸣啊，
黯淡了千万星星。

我看见，不能目识的秘密呵，
正在寒冷水下翻腾。
阴暗的灯光一寸寸冻结了，
失去了微弱的热能。
眼前越来越暗，
洞中越来越冷。

我忍不住了，解开棉袍，
让我的同伴显形。
阳光腾放出千万丈光焰，
洞内倾放出万斛光明。

阴霾顷刻间融化了，
一切幻觉全部还原成普通。

心中再没有了恐怖，
眼前一切原来是如此平庸。
所有禁忌和幻影消失了，
千年冰封在顷刻间消溶。
一时不见天日的内心世界啊，
接迎无限的光明。

写于 1987 年

苏州情话

苏州啊，我的笔迟迟不敢落下
你越来越美，像日新月异的神话
我为难了，心思鸡雏般奔突
该怎样冲出文字的篱笆

你的名字如一片春风
逢水变绿，遇冰融化……
你坐落人间被推崇为天堂
无愧于国色天香的评价
看不够你的名胜古迹
听不完你的风流佳话
数不清你的楼台亭阁
吟不尽你的庙观寺塔……
美得深沉，又如此典雅
美得文静，又格外潇洒
四大名园焕发出魅人光辉
宋元明清流传灿烂的文化
虎丘剑池长存天地之间
吴越争霸的故事如诗如画
日光落地也分成七种色彩
覆盖上一层层斑斓霓霞
七分是男子的雄伟啊
三分是女子的婀娜
莫怪我在描绘苏州的时候
忘情地使用"他"和"她"

这支笔啊却迟迟不敢落下
直面大美，心情是如此复杂

丑恶也曾挑战我的眼睛
深刺我心，痛贯肩胛

昨夜月黑风高啊
漫天飞扬尘暴风沙
旗杆飘扬着红色绷带
假话烫破了同胞的嘴巴
酷暑方歇，严寒随之肆虐
数千年文明迅速风化
公德建设是最大的烂尾楼
一边建设，一边在坍塌
沿着花墙我静静地走过
痛苦的目光始终挣扎
美是亲生父母我不能认啊
目光多一丝爱意，身上多一条伤疤
苏州之美是沉重的负担
苏州倩影是水中之花
在那些日子，苏州以物质的真善美
比对出精神的巨大反差

我的笔迟迟不敢落下
品味过苦难才领会美的高雅
苏州啊，你以非凡的品格
铸成了校对美丑的砝码

金鸡湖传来报晓啼鸣
灵岩山流淌艳丽朝霞
工业园区是你的后花园
涌现一簇簇崭新的奇葩
你出落成大众心底的情人啊
一位出入水巷的绝色娇娃

拿去吧，这支笔，这不肯低下的头颅
这生命，这大好的壮丽年华
渴慕你，追随你，采来最美的鲜花
无限的敬意献在你脚下
你的美化身为吴侬软语
你的美清新如碧螺春新茶
你的美永无止境让我的诗紧紧追赶
看我的笔落下又飞起，飞起又落下

写于 1985 年

逆水行舟

一泻千里的江涛啊
呼啸着卷过了沙滩
风雨中一支船队逆水行舟
沿着滑动的"山坡"上山

向云空升起了兜天大帆
每一块船板都绷紧了肌腱
货船排成了长长的行列
攀援着湿淋淋的钢缆

机器鸣，甲板颤，桅杆晃
前方充满了巨大风险
一个个浪头迎面撞来
在船首碎成万千碎片

顺流而下最省力啊
逆水上行接近叛逆的危险
每一步付出了重大代价
花费了几倍气力和时间

一队洄游的鱼群被追上了
箭一般地跃出了水面
船工笑了，更响地打起号子
专爱走这崎岖的路面

只有几平方米的船仓啊
容纳下雄奇的人生体验
船停了，卸下船上几多春秋

岸边的景致改地换天

大江入睡了，船工睁大了眼睛
天上的星群何其灿烂
再把船灯擦拭一遍吧
镶珠嵌宝的船队无比壮观

　　　写于 1983 年

码头

受命于大地的委托
紧挽起江河的胳膊
水和土在这里通力合作
码头，一副不俗的气魄

半身在刺骨冰水中冻僵
半身在燃烧阳光下赤裸
大地的收获和馈赠啊
在这里托付给水上船舶

装就全装满，卸就全卸空
码头的呼吸畅快洒脱
长长的跳板反复颤动
一条看得见的经济脉搏

装船啊，幸福压弯了船舷
卸货啊，分解成两份欢乐
起锚的笛声是无形的笔触
天地间又着上一层新色

浪花绽开了欢笑的颜容
一排粗犷身影静静走过
宽广肩膀多像这宽广的码头
砥柱着商品流通的大河

稳实朴素的码头工人啊
体现出码头的基准性格
卷扬机、行车和铲车昼夜劳作

承担起经济发展的重责

受命于市场的委托
臂挽起时代的胳膊
才想给码头的诗篇收尾
千船万车又运来不竭的歌

　　　　写于 1983 年

题苏州

摘下一片柔嫩翠叶
投入太湖潋滟碧浪
虽然我知道——
绿色不会漂流到我的家乡
太行山十万石林
正在热风中剥落呢
母亲嚼一口石粉啊
婴儿吮一口泥浆
　　——苏州啊，为你题词
　　只因你美得无法想象

按下一枚湿润手印
融入沧浪亭恢宏的影壁
虽然我知道——
体温不会传送到我的故居
雪山下的那间石屋
是一只蜗牛的造型呢
苦苦爬行两千年
拉长了与时代的距离
　　——苏州啊，为你题词
　　说不出我复杂的思绪

展开一卷缠绵丝线
放飞出穿云破雾的巨大风筝
虽然我知道——
江南的祝福送不到我的恋人
那少女开荒的身影
搅浑了滔滔黄河水

瘦削肩膀倾斜向前
拖动一只沉重的石磙
  ——苏州啊，为你题词
   寄托了多少向往和追寻

解开一段湿漉漉缆绳
鱼群推船在运河中畅游
虽然我知道——
这是与生俱来的一种自由啊
用本来声音去说话
用自己双足去行走
身体可以灰飞烟灭啊
灵魂不容一丁点儿霉锈
  ——苏州啊，为你题词
   心情似临界体积的铀

选中一块普通石头
写下一个普通姓名
雨水很快冲刷掉字迹
心意却在天地间常青
我离开了，苏州
将来邀请你回访我
让事实来说明白
此时我题词的心境
  ——苏州啊，简单的题词
   许以一生一世之名

写于 1985 年

小村庄

有多少好奇的目光啊
牵记着无名的小村庄
你像风筝系在一条黄土小路的尽头
在视野边沿高高飘扬
　　运足先秦两汉的底气
　　披沥前世来生的沧桑
　　青砖小瓦扶持着一种自矜
　　牧笛在杨柳深处悠扬
　　乡民清澈的心灵啊
　　如同村口碧清见底的池塘
　　茁壮庄稼一望无际啊
　　连接着铺天盖地的阳光

是多少亲切的情怀啊
孕育着无名的小村庄
你微微凸起在地平线上
送来大地母亲永不中断的乳浆
　　秧苗不知不觉成熟了
　　满载牛车直奔向粮仓
　　一代代农具在不断更新
　　庄稼汉的汗水悄悄流淌
　　小村庄是永不关门的粮库
　　小村庄是任予取舍的宝箱
　　我看见岩石在汗水下风化了
　　沤变成黑油油的新土壤

写于 1983 年

乘风乘雨过皖南

乘风乘雨过皖南
窗外风景墨不干

三月，雨中的皖南
一座古老的文化摇篮
是谁在大写意泼绿啊
推现出一幅清秀画卷
山峰俊俏如童子坐读
清秀得有几分腼腆
秀水环绕如晶莹剔透的玉带
乡野优美胜过翡翠公园

耕牛，蓑衣，村庄上的炊烟
牌坊拴住了一段逝去的时间
千钧情思力透宣纸纸背
徽墨下流露出七彩图案
更有徽州文化源远流长呵
智慧的馨香千古承传
人文美景满眼斑斓呵
乘风乘雨过皖南

看一眼就深深迷住了
风雨中为你柔肠寸断

写于 1983 年

郊外，飞起一大片纸鸢

几张薄纸，几根竹丝，
匍匐在地面，心比天高
郊外，飞起一大片纸鸢
会飞行的生命升上了树梢

向大自然鼓动理想之羽
摆脱了地面上一重重烦恼
在百米高空舒展开翅膀
投入了博大自由的怀抱

一根无足轻重的丝线啊
也化作刺天戟地的长矛
牵引着成片云彩和晚霞
向一双充满期待的目光报到

生活的关键在于离开原地
飞起来，才看见旧我是多么渺小
没有一道山河能阻挡你前进
负担越轻，就越接近九重云霄

写于 1989 年 1 月

发表于 1989 年《雨花》4 月号

秋

你是使者在众望中归来啊
出现在酷暑和严寒之间
一袭清冷的长袍彰显立场
反对极热和极冷的霸权

博爱宏大的心是支点
肃清了极端气候的局面
把四季优点集于一身
秋天啊出众的壮观

秋风涤荡盛夏的闷潮
焦虑的身心一片清凉
秋天一派健康美啊
懈怠精神和肌体迅速复原

秋霜扑灭病毒虫疫
染白了大野和高原
秋天一派英武美啊
压抑的精神又重放光焰

秋雨热烈地牵动情思
麦苗嘬吮乳房般的云团
秋天一派热情美啊
损耗的力量新接通了源泉

成熟是秋天的著名标志啊
丰收喜悦把库房装满
刚把接力棒交给了寒冬

立即促成了春的演变

秋的光谱何其灿烂啊
心状的叶，在山野一层层斑斓
生命的日历透出了五彩
千片万片扑向秋的面前

　　　　写于 1983 年

半坡抒情

——参观西安东郊的半坡文化遗址

记起了，我来过这地方
一枚枚精美的石坠啊
拉开我遥远回忆的大网.
窖穴、圈栏、还有兽骨和瓦片……
无声地复述我的名字
我确实来过这地方啊

那些建房的柱洞啊
仍环绕一片阴凉
火星明灭的灶坑啊
又飘来烤鹿熏鱼的清香
一番不同寻常的历史
六千年间稳健成长

原始森林分开一条通路
池泽大湖被瓦罐舀干
多次从梦境中惊醒
喊出了老祖宗的夙想
飞碟降落在后院
久久地相互凝望

今天重返半坡啊
习惯性地折下一支麦管
母系氏族的女首领
为我倾倒一只尖底陶壶
让汩汩的芬芳乳汁啊
酿成文明的营养

六千年，历史的断面
毫厘不差地吻合了
默诵着先民的誓言
重返猎象捕熊的战场
就在半坡遗址上啊
新文明在扬帆起航

祖先的脚印历历在目
心里的印记开始发烫
我郑重地，把今天的默契
投进六千年前的陶壶
约好了的，一个
地球文明的信箱

写于 1985 年 10 月

发表于 1986 年《雨花》2 月号

秦帝陵

地平线上，微微凸起
一座山陵的恢宏影子
浩瀚长风奔你而去
秦帝陵，中国历史的肚脐

五百年春秋战国
一个独一无二的孕期
一位大帝横空出世
选在这片黄土下安息

关中多少名山和险峰啊
身份和魄力不如你
每一米都是人工对自然的高度
展示出帝王的气势

矗立在平坦的关中高原上啊
逝者地位高于一众生者的位置
没有祭坛，也没有华表和仪仗
对你来说一切都是多余

却有万里长城迤逦展开
七国的版图合而为一
驿马文书传递统一的文字
市场交易使用统一的货币

却有金戈甲马连年征战
北疆天地惊，南方鬼神泣

阿房宫的故事万古流传
一次赏赐超过了万亩土地

常人的眼界和思维啊
无法理解你霸业的秘密
百万战士和民工的生命
由你的手，点化成辉煌的胜利

中国版图七合而一啊
七种色彩合成了日光的谱系
一束明亮耀眼的阳光啊
照耀完整的中国史

所以焚书坑儒呵，横征暴敛呵
任后人争论吧，你根本不屑搭理
当火焰舔上阿房宫的时候
你已做上了神仙的天子

只把一座帝陵留在人间
让长风吹散一切毁誉
该指责的由其指责千遍吧
该建立的已经牢牢建立

写于 1985 年 11 月

发表于 1986 年《雨花》2 月号

楚霸王，最后一夜

1

兵器的潮水退下去了
伤口板结了斧钺还在流血
阵地上的宝帐似一叶危帆
楚霸王，你最后一夜

青龙戟像大蟒疾游吐信啊
也在为主人含冤叫屈
乌骓马如猛虎飞崖走壁啊
也在为骑手担心体贴

烛光照不亮你的面容
绝对权威早已灰飞烟灭
君王，三十万大军哪里去了
身后是一地枯骨和废铁

只有一条忠实的长江
源源输送江东父老的理解
快渡江吧，楚霸王
能伸能屈才是真正的豪杰

2

命运不济兮可奈何
留不住往昔辉煌的岁月
阿房宫豪华化成你手下的大火
八千里中原在你铁骑下呜咽

"天下苦秦久矣"，你拔剑四顾

死神在你军刀前退却
赤野千里纷纷揭竿而起
叛逆的奴隶在你大纛下集结

四方诸侯在你马首前屈膝
你的威望，你的权威没有边界
王孙国戚在你囚车中发抖
你的意志，你的命令不受束约

刘邦竖子不过是王袍的衣架
怎配得上你百胜大军的追猎
啊，鸿门宴上宽宏大量的磬声刚落
四面楚歌响彻了满山遍野

3

拿去吧，王冠、领地甚至生命……
慷慨英雄可以牺牲一切
唯舍不下楚楚动人的虞姬啊
今夜以泪洗面的一轮皎月

鼙鼓连天响彻了四方
战刀挥舞似纷飞的雨雪
虞姬啊一直紧跟在你身边
眼神中流露出无限的轻蔑

你渴望在战场上一对一战死
不让虞姬蒙受俘虏的威胁
但是，你的价值敌人最清楚
听，踏营的马蹄正放肆着暴烈

——"投降吧，至尊无上的楚霸王"

啸风的军刀渴望着饮血
上马，虞姬！冲出去啊，乌骓马
一阵雷火荡平了垓下山岳

写于 1977 年

啸风的军刀渴望着饮血
上马，虞姬！冲出去啊，乌骓马
一阵雷火荡平了垓下山岳

特快列车上的牧歌

策动座下的特快列车，
我放牧原野的景色。
　　大地像海面汹涌澎湃啊，
　　凝固的力一下子统统放开了，
　　满眼是黄的激流，绿的漩涡，
　　变形的几何体在翻飞中起落。
　　我呼啸，扬动视线的鞭，
　　山弓腰，树鼓翅，田舍起舞……
　　静化成了多少动啊，
　　石迸出了多少火。

策动座下的特快列车，
我放牧出栏了的思想。
　　被屋顶压缩的想象啊，
　　被墙壁封锁的思索啊，
　　舒展呀，伸张呀，千变万化呀，
　　在跨时空的高层磅礴……
　　理想像卫星升上了太空，
　　新追求把未知的领域探索。
　　心儿在时时加速度啊，
　　要追上时代正班车。

写于 1985 年 7 月

发表于 1985 年 9 月 28 日《新华日报》

黑眼睛（12首）

1、黑眼睛

你的眼神是一道道闪电
灼伤了我，点燃心中的火焰
你的秋波是一阵阵飓风
颠覆了我，掀翻万里海天

我是荒原上忧郁的小树
我是大海中孤独的白帆
在闪电下焚毁，在飓风中沉没
你呀，黑眼睛的女伴

甜蜜的话儿涌到嘴边
对你说出却咸得像盐
一串繁密的叹息缠着我
变成沉甸甸的锁链

晚会后踏着星光送你回家
你又说又笑却离得很远
"再见"，你吻一下花瓣突然跑开
留下我与一束鲜花作伴

我迷惑了，又明白了
捧花的手滚烫，另一只手冰凉
浓浓夜色看上去是一望无际呢
这就是你闪烁的、黑色的眼

2、莫等姑娘对你说

接过杯，接过姑娘目光的妩媚
杯底有朵血红的玫瑰
惊回首，她在华灯下起舞
鬓角的鲜花已不翼而飞

啊，舞曲一支一支多轻松
心儿啊突然感到极度劳累
啊，舞伴一对一对多欢乐
心儿啊屡屡在激动时崩溃

莫不是猜出了我的痴情
沉默中有多少爱慕积累
莫不是觉察出我在苦恋
叹息中一名青年在憔悴

莫不是……又一次的误会
她是最亮的星最美的蕾
而我平凡得像块石头
单相思也会侵犯她的高贵

也许，只是个小小的玩笑……
这念头忽然烫得像开水
门外雪路一串沉重的脚印
熠熠路灯送我不辞而退

暴风雪中她赶上了我
汗水泪水流进手中的银杯
——纵然害羞你也是小伙子
莫等姑娘对你说约会……

从此我跨过勇敢的门槛
山险水深从不知后退
人生苦酒不会使我饮醉
因为我尝过一只杯中的滋味

　　3、上帝啊请让出宝座

上帝啊，请让出您的宝座
厨房里去把酒喝
这里就足够宽敞了
让我们尽情地欢乐

六弦琴啊弹得发热
单簧管啊连声喊渴
跳呀，跳掉所有的鞋跟
唱吧，唱光动人的情歌

关掉那月亮的开关吧
点亮那群星的灯座
我美丽的黑眼睛女伴啊
赛过灿烂辉煌的银河

你的乌发像泉水涌动
流出我思潮的拍天大波
你的垂青像花香袭人
染出我心苑的万千颜色

你的眼波像虹霓飞天
度我越过人生的深山大泽
你的话语像清风吹送

牵动我幻想之舟的根根帆索

你是我夜行路上的启明星
我的生命，我全部的光和热
相信我吧，为了证明我的爱
我将创造全新的生活

上帝啊，祝福我们吧
爱情美酒千杯也不算多
让我的女神，我娇艳的鲜花
轻轻坐入上帝的宝座

    4、等待

好一幅迷人的夜景啊
湖光，水色，花气，树影……
一条弯弯曲曲的小路
直达我丰富感情的心灵

我在等照片上的她
我问照片上忽闪的大眼睛
听见吗？我胸襟的堤岸里
哗哗波浪不平静

她的题词言简而意深啊
——我担心啊，爱和恨是紧邻
几个字有几吨重啊
多情，多得几乎无情

多少话等着对她表白
每一分钟赛过了一个节令

多想减去这等候的时间
哪怕截短了宝贵的生命

又一次翘首遥望着小路
收获一片陌生的寂静
美妙夜色无视我的焦急
灿烂银河横跨过天庭

这条幽静的小路啊
在幻觉中化成一只美丽翅翎
听，袅娜多姿的柳丝后面
不正传来我熟悉的足音

5、石椅上的吻痕

她的话问得意外的深沉
我的心爆发强烈的地震
"莫欺骗我纯洁的女孩
请证明你爱情的忠贞"

快给我波峰浪谷的大海吧
去为她捞上明月一轮
快给我飞沙走石的刀山吧
去为她采摘一朵迎春

面前是黛山秀水的公园啊
浑身勇气向何处打拼？
陡然我想起古老的神话
——爱情能打开九重石门

我低下头热吻石椅

大理石呻吟着发出了声
一道闪电被她的惊呼唤来
啊，石椅上烙下清晰的吻痕

吻痕虽然非常浅啊
爱的热忱千丈深
吻痕留在石椅上啊
爱的光辉满乾坤

……吻痕上突然姹紫嫣红
像一朵怒放的石花格外迷人
只有我知道花开的秘密
啊，望着她吻破的嘴唇

这是一张普通的石椅
大理石从来不讲情份
这却不是一对普通的吻啊
两颗心在这里互相验证

6、天亮了，夜涌进了我的心

又是一次光明和黑暗换防
情人哟谁能忘却分手的景象
昼与夜，在天地间明灭
分与聚，热望蜕变成失望

深夜里甜蜜地相会……
心儿啊亮得像一轮太阳
晨曦中痛苦地告别……
心儿啊暗得像一幢牢房

她晶晶盈盈的大眼睛啊
究竟闪烁着多少宝藏
焕发着，变幻着，又流动着
演化成一次次不可思量

"该回去了"她对我那样讲
脚步哟寻找着相反的方向
"该分手了"我向她这样说
话题哟变得更加漫长

爱情哟若是浩渺的大江
我说，我愿是座飞天的桥梁
爱情哟若是婆娑的凤凰
她说，她愿是颗小小的食粮

第一声鸟啼震动了心弦
蔷薇花前涨红了脸庞
对视着，忙又低下眼睛
鸟叫声泄露出嘴边的愿望

分别后她消失在朝霞里
转眼便拥出一轮灿烂的朝阳
天亮了，夜全涌进了我的心
下一次天黑，我心才会照亮

7、天为什么不塌下来

我曾经潦倒和迷失
肩头挎上了流浪的行李
暴风雨中她跑来送我
哭肿的眼睛泄露多少秘密

忘了我吧，莫要悲伤哭泣
两颗心破成了碎玻璃
一句话溶化了我冻僵的情绪
"讨饭也永远跟着你……"

　　啊，天为什么不塌下来
　　我无限渴望辉煌的功绩

今天我从战场上凯旋
奖章闪闪犹如她当年的泪滴
她的眼睛大而明亮
却没有映照出我的影子

她低着头比陌生人更沉默
印证了心灵间漫长的距离
冷酷现实从此永远是现实
激动回忆从此仅仅是回忆

　　啊，天为什么不塌下来
　　我含泪怀念流浪的行李

　　8、比起她，地狱算得了什么

地狱哟几次收留了我
魔鬼一再打开了灾难的门锁
火灾、溺水和频频的车祸
反使我体验到生命的活泼

生活是我的好朋友啊
死神也羡慕我的传说——

假如我纵身跳下大海
海底就升起一片岛国

爱情的开始似乎是巧合
她的雨伞，下班路上捎走了我
友谊礼花点燃了灿烂辉煌
谁知道，她在雨中候了多长时刻

爱情的破裂突如其来
凉亭内她比石柱更沉默
合影虽在语言已难共同
人近咫尺心膈千山万壑

热恋有多少春夏秋冬啊
忽冷忽热，钢铁也化成了粉末
少女心上有多少风云变幻
忽热忽冷，青年怎受得了折磨

我开始怀念可爱的地狱
追忆那里的毒蛇、僵尸和鬼火
也思念荒诞、背叛和阴谋诡计
比起她，地狱算得了什么

9、死去爱情的歌唱

怕听那树丛中的欢快林风
多像她银铃般叮咚的话声
怕见那暮色中湖畔的柳丝
酷似她翩翩来去的倩影

失恋比死亡更残酷啊

无形大手紧攥我的心灵
爱情是一味无情的毒药
只可惜生命的代价太轻

一个个无眠的漫长黑夜
声声叹息像钟槌撞向了巨鼎
舒适床铺像电椅合上了闸
死神，别对我讲什么交情

我多想永远离开这里
不要再见你的眼睛
我将在疯狂中毁掉自己
不让你看见我的不幸

我痛恨自己的一生
厌透了这青春焕发的年龄
忽然，我惊坐起来大汗淋漓
走过去了……窗下那熟悉的足声

审判我吧，我还等待什么
等她么？等不回我纯真的恋情
请忘记一位死去爱情的青年
笑容已逝，心成为一块冷冰

10、我也会有这一天

我也会有这一天
戴上月桂叶编制的花环
诗歌的江河一泻千里
浇灌那荆棘遍地的荒原

我也会有这一天
访遍世界的名山大川
追随一只蝴蝶翅膀的效应
淡看个人功名的云烟

我也会有这一天
唤醒一组古老石磬的音乐
追随着活泼的乐符
舒展开身心和容颜

不，我不会有这一天
今夜我就要跳下悬岩
让滔滔江水载我远去
完成浪子痴情的凯旋

不，我不会有这一天
当前就是生命的终点
没有爱的生活是如此可憎
这颗心灌满沉甸甸的铅

不，我不会有这一天
此时我就要告别人间
唯有一句话舍不得带去
——年轻人，忠实你的热恋

11、不，她配不上我的爱

我问高不可攀的山脉
我问深不见底的大海
谁是最强大的征服者呵
展现出不可一世的气概

群山敞开岩石的胸怀
在这里我曾艰苦开采
大镐把悬崖破成碎片
汗水把矿粉溶成青苔
为她寻找最美的钻石呵
挖通山脉一排排
群山承认我更强大啊
力量来自强烈的爱

大海扬起连天的波涛
在这里我大闹过擂台
船头射穿千重骇浪
白帆扯碎万里阴霾
为她采捞最美的珍珠啊
搅动大海永远在澎湃
大海承认我更气派啊
力量来自深沉的爱

她曾苦苦追求我的心
道道目光如灿烂霞彩
今天她从这颗心上踏过
步步脚印沾满了尘埃
我默默望着她的背影
登上最高才理解什么是最矮
胜利不是永恒的胜利呵
失败才是永远的失败

我征服过险峻的山脉
我征服过咆哮的大海
闪电啊划破我心中的黑暗

不，她配不上我的爱

12、这些诗，绞索上的纤维

分明是一行行热泪
分明是一抹抹烟灰
这不是记载爱情的诗行啊
一地枯败的花蕊

追思爱情的甘甜
尝尽失恋的苦味
明媚的回忆埋心底
化成焦炭和乌煤

欢快的日子哪里去了
生命变成了一种浪费
白天比夜晚更暗淡啊
夜晚比白天更枯萎

心上的人儿没有回来
杯中残存喝剩的茶水
水浅浅，愁深深，心冷冷
浸泡长久辛酸和后悔

这诗行是追逐的脚印吗
急忙忙，逾越千山万水
这诗行是寻旧的哀鸿吗
恍惚惚，排成惆怅长队

这诗行是心灵的伤口吗
痛切切，暴露出灵魂破碎

这诗行是抽搐的神经吗
恨悠悠，流露出感情伤悲

生命啊，一簇转瞬即逝的火苗
生活啊，一束未绽先凋的枯蕾
想起她，噩梦绵绵不断源
这些诗，绞索上的纤维

　　　　写于 1973 年

这诗行是抽搐的神经吗
恨悠悠，流露出感情伤悲

生命啊，一簇转瞬即逝的火苗
生活啊，一束未绽先凋的枯蕾
想起她，噩梦绵绵不断源

大江，今天是 2100 年

序

我来江边，
不见江水，
但见万里蒸汽云烟。
贴地疾驰，
拔山吸海，
弥合了大地苍天。

我来江边，
不闻浪声，
惊听四陲铁骑盘桓。
金戈撞击，
兽盾咆哮，
愤怒中迎击凶险。

江边的人，
放歌弄潮，
大江横落把日月衔连。
江边的诗，
动天裂地，
由西向东推动星球运转。

浩渺的地平线呵，
是新时代的边缘，
江水指针对准了什么时间？
滚滚的波涛呵，
是新世纪分界线，

大江，今天是 2100 年。

一

一千轮日月，
并肩升起，
全不如此时宏伟壮观。
2100 年呵，
你巨大的光热，
温暖了江海湖川……

一百次青春，
同时拥有，
也不及此时光鲜灿烂。
2100 年呵，
你洋溢的活力，
震撼了宇宙河汉……

水流上山，
云雨听唤，
四季如春，
海水甘甜……
啊，墨守成规的大自然，
依我们改变了习惯。

人造心脏，
人造太阳，
冰山运赤道，
月球筑电站……
啊，不可一世的造物主，
听我们指挥调遣。

大陆升沉，
沧桑变迁，
星移斗转本要漫长时间。
天时地利，
神工鬼斧，
历史平衡在这一百年。

唱今天呵。
身心游离出旧我的荫影，
江水坦坦飞越千重山。
你激越的情感，
磅礴的气势，
早迷住了年轻人心眼。

呵，唱今天，
不害怕流语闲言，
江边乌鸦形只影也单。
你宽阔的胸怀，
潇洒的风度，
与我心心相印彼此挂牵。

迎接你呵，
西眺大江，
热情的风帆鼓得满满。
奔向你呵，
东驭大江，
诗行缰绳正被你大力拉牵。

　　大江呵，给我做张琴吧，
　　知音的人懂得你是最好的弦。

二

几十个世纪，
化作了遥远的星团。
新世纪第一天，
气势就超逸不凡。
目送东去的江水呵，
时间传送带上光毫闪闪。

城镇是经纬线上的棋子，
征服了贫苦、落后和野蛮。
城市美如秋天的果园，
乡村美如果园的秋天。
城市和乡村呵，
像孪生兄弟难以分辨。

田野成为机器的王国，
车间保持洁净的自然。
锤和镰千年的旧梦呵，
在电控机械手中实现。
工人和农民呵，
像双臂升起了生活风帆。

理想飞跃，
把锦绣前程托上九天。
劳动进行，
把海市蜃楼请来人间。
智力和体力呵，
像动脉血和静脉血反复循环。

啊啊，银河般壮丽，
火焰般鲜艳，
瀑布般轩昂，
大川般浩瀚……
谁料到 2100 年呵，
超出了最美好的推算。

啊啊，秋风般豪放，
闪电般狂欢，
金矿般丰富，
油田般内涵……
谁不盼 2100 年呵，
直怨咱来得太慢。

大江，你是一道光，
我向往你那绚丽的谱线。

三

起伏的楼宇呵，
媲美着起伏的山峦。
从人民的身上，
脱掉紧身衣般的陋房。
拿去吧：阳台，花园，游泳池……
只要你表示出喜欢。

青砖似的手提电脑呵，
像青砖一样普遍。
科学大厦拔地升起，
知识爆炸辟地开天。
拿去吧：二十四小时的休闲……

必要劳动有机器承担。

无价的书籍呵，
真正无价，任取不收钱。
有限的生命呵，
不再有限，人均三百年。
瞳仁是吸收知识的"黑洞"，
人人迈过了大学门槛。

地上有多少树木，
郊外就有多少电杆。
天上有多少星星，
市区就有多少灯盏。
太阳光，水流，风……
是我们便携式能源。

这一切都是免费的：
医疗，学习，交通……
清除了货币的路障。
这一切都是最贵重的：
科学，法律，人权……
慷慨赠给少女少男。

助人带来节日般快乐，
陋习在历史河道中久湮。
每一颗怦怦跳响的心呵，
萌动对精神文明的思念。
权利和义务是随身的影子，
与婴儿孪生，伴行者涉远。

啊，思想开辟新天地，

印书的每一颗铅字呵，
千遍地冶炼于实践。
呵，建设开创新局面，
新兴的每一支力量呵，
磅礴着霹雳雷电。

大江，你是一座虹，
坐落在今日和未来之间。

四

流水线作业，
自动化车间……
工厂无人更多产呵。
千亿吨钢铁，
百万亿度电……
唯一减少的是污染。

农村就是粮库大院呵，
收获吧，你的需要
只会减轻仓库的负担。
水利，机械，电气，生物工程——
使用吧，你的动作
加速了神话的实现。

九百六十万平方公里土地呵，
是花园也是战舰。
十三亿热爱和平的心呵，
是鲜花也是刀尖。
正义的旗帜插遍每一个角落，
发射井内，老死了一颗颗核弹。

远足把月球作为终点，
医疗将造血当成开端。
癌症一步步走向绝迹，
太阳能犹如自来水一样方便。
地下宝库敞开大门，
海洋财富更不知深浅。

这时的工业，
开创了人造地球的概念。
这时的农业，
结束了合成粮棉的实验。
啊，往日诗人的想象力呵，
像一把短尺量不完蓝天。

这时的国防，
用橄榄枝说服了枪杆。
这时的科学，
对话宇宙的新纪元。
啊，过时的思维法呵，
像牛车追不上巡天火箭。

现代工业，
现代农业，
现代国防，
现代科学技术，
啊哈，2100 年的中国呵，
怎不叫人看了又看。

望上一眼心花放，
看上十遍泪水甜。

一重重新色彩，
千万道金银线。
啊哈，中国的 2100 年呵，
写你的诗，忍不住咬破我的指尖。

　　大江，你是一把剑，
　　倚天抽出放在我面前。

　　五

采一束浪花哟，
我要看看根和叶，
大江呵，莫怪我左顾右盼。
掬一捧江水，
追上巴颜喀拉山，
大江哟，莫怪我湿了望眼。

江水中分，
河床升起，
大江邀我前去参观。
风八百丈，
浪六千里，
展开一幅珍贵的胶卷。

那疾驰的身影，
突破了无数暗礁险滩。
那奋起的浪花，
闯坍了多少绝壁悬岩。
一群群，一簇簇，一队队，
从来就没有过中断。

2100 年的大江呵，
你的上游
不正是千万万志士的血管？
呵呵，这种说法，
不能算是夸张吧，
如果说不是一种自谦……

大江的 2100 年呵，
你的河道，
不就是万万千战士的躯干？
呵呵，这种比喻，
非但不算骄傲呵，
简直是过分的腼腆……

一九一一，一九一九……
浪下吴越呵，
直落封建主义的重关。
昨日是臣仆，今日是公民……
牛马变成人，
进化期仅用了二百年。

民主大潮飞涨起来，
快开足阀门，
让现代化建设飞速发展。
冲过弯道，
清除暗礁，
航道一次浚深加宽。

给孩子以学校……
给大海以渔帆……
给农民以土地……

给家庭以粮棉……
大江啊，一道多么深刻的笔触，
纪录下杰出的平凡。

把权利还给人民……
把果园还给群山……
颠倒的世界又颠倒过来……
梳顺了纠葛不清的历史发辫……
大江啊，一笔多么绚烂的色彩，
划清了是与非的界限。

那一面面风帆，
莫不是 2100 年的照片？
鼓动八面来风，
辉映风雨雷电。
在弄潮儿手下变幻色彩，
骄傲地升起在天边。

那一簇簇浪花，
莫不是 2100 年的笑颜？
透露鲜活灵动，
焕发天真烂漫。
以一股不可遏制的激情，
奔来自己的脚前。

大江呵，你不会是一个梦吧？
包容下我所有的祝愿。

六

玉石般的精神……
锦绣般的家园……

秋一样丰沃和饱满呵，
春一样生机盎然。
送到 2100 年的接力棒呵，
把大破纪录当成新的起点。

新一辈优秀小伙，
更新了灿烂群星的图案。
新一代俊俏姑娘，
像明月升出宁静的河湾。
星月争辉啊，
跨越万里辽阔的海天。

从今天到 2100 年，
90 个播种的春天。
播种着希望，
播种着祝愿，
播种着决心，
播种着诗篇……

从今天到 2100 年呵，
90 个丰收的秋天。
丰收钢铁，
丰收粮棉，
丰收理想，
丰收奇观……

你问大江吧，
这是何等英雄的 90 年——
挥汗如雨，
昼夜苦干，
摧枯拉朽，

翻地复天……

你问 2100 年吧，
该怎样计算大江的流量——
千顷洪波，
万里雷电，
壮志雄心，
无尽血汗……

从遥远的历史拍波而来哟，
浩淼的大江一往无前。
你与人民一样杰出，
人民与你一样拔尖。
我怎能不骄傲，怎能不自信呵，
我们——不可阻挡。

　　　大江呵，你真是一条江吗？
　　　我迟迟不能下判断。

七

嘿，这就是你吗？
气昂昂跃出地平线。
八万顷海潮向你聚拢，
九亿幅彩霞铺地遮天……
天山是你拴马的石，
日月是你走车的轮盘。

这就是你吗？
神奕奕不可一世间。
旗杆为你生根长叶，

85

石兽向你摇尾撒欢……
最高兴是那万里长城，
纵横千古盼到了今天。

啊，这就是你吗？
想说不是，
唯恐认错了局促不安。
啊，这就是你吗？
想答声是，
又怕心冲动相见恨晚。

到这里的每一尾鱼儿，
都跳过了龙门，
还怕什么急流险滩……
到这里的每一条船舶，
都战胜了逆风，
还怕什么暗礁急弯……

单"怕"困难少了不经打，
后生的刀枪有意见；
又"愁"穷苦绝了代，
考古要把新书编；
最怕诗歌跟不上形势。
我要用笔打鼓迎庆典，

哦，唱给大江的歌，
如果有一句力弱，
就合不上惊涛骇浪的节拍。
写给2100年的诗，
假如有一字肤浅，
就有损于大气磅礴的局面。

但我毫不畏惧，
大江长流不止，
我的诗岂能中断？
面对壮丽未来呵，
中华伟大的历史，
展示出前程无限。

初稿于 1983 年
二稿于 2008 年 4 月

东方有一条飞毯

——写首都机场大楼壁画

一

我是天外归来的信鸽，

我是匆匆来去的过客，

北京，收拢翅膀投向你巨大的跑道，

飞进了一片深浅变幻的颜色。

曲线，椭圆形，放射性光环……

蓝的想象，浅黄色力量，鲜红的思索……

咫尺山水浓缩了东方大陆的美，

顺墙流淌着泼水节的欢乐。

呵，北京是世上最好客的主人，

捧出稀世珍宝来慰问游子的饥渴。

一块块钻石移来布满四壁，

移步换景，完善了一个艺术星座。

呵，那些不可思议的图像和色彩，

像连绵大浪淹没了我。

二

清晨，一线晨曦沁入宽敞的候机厅，

地平线在墙壁的尽头，

鱼肚白变成玫瑰红，沁出翡翠蓝。

我看见画家眼中熊熊火焰，

瀑布似的黑发高傲地向后方飘洒，

调色盘上挤进一筒筒智慧和创意，

神思飘扬，似风筝在遥远上空挣扎，

一任疲惫的身体在后面紧紧追逐。

像一群狂热的弄潮儿驾驭万顷碧波，

幻想着征服艺术的怒海大泽。

咳着，呛着，筋疲力竭了，

用尽最后一丝气力在拼搏。

三

我看见，一排排魂不守舍的观众，
肉体同自行车一起寄存在室外了，
一眨不眨的瞳孔像台风眼，
周围的一切天翻地覆。
赤条条灵魂恣意来去，
单调人生放射出五彩欢乐。
似一股泉水推翻了最后一块石头，
激情从危崖上飞迸而出，
无拘无束地自由飞翔，
舒展身心在千变万化中解脱。

四

一幅神奇的东方飞毯，
在候机人的心上升起来了。
无止尽地，云蒸霞蔚地升起来，
如此曼妙的机场壁画啊，
放进了飞向明天的油箱和飞行囊，
嵌在每一扇圆形的舷窗上，
每一次起飞是生活美在升华，
每一次降落是心灵美的定格。
啊，面对美术界的宇航之举，
身后怎拿得出我结绳式的诗歌。

任你是天外归来的信鸽，
任你是匆匆来去的过客，
北京机场，身心的一次完美降落，
竟勾丢了天空征服者的魂魄。

写于 1983 年

致渡江战役纪念碑

我远远注视你，
我贴近抚摩你，
听见你体内热血奔腾，
一颗心怦怦撞击，
感受你钢铁水泥的肌肉
聚结起旋转乾坤的力。
千万枚弹头射进泥土，
如今破土萌生了你。

凭着记忆的长远视力呵，
读熟了那页斑斓的历史。
几十年来，纪念的犁尖垦翻土地，
日晒雨淋，补充了几多新的价值？
田间一个个"？"弯下了腰，
移动着新的尖锐问题，
在贫瘠穷困的土地上，
播种一次，能年年收获胜利？

纪念碑，一座继往开来的桥墩，
把中国引入新的天地。
砥柱着三十个酷暑和严寒，
未来在你肩膀上高高托举。
要托起新世纪的年年月月啊，
有钢，有火，有巨大的力，
有正在显影的清秀线条和缤纷色彩，
有十多亿人沉重的呼吸。

开始了，一次全新的渡江战役，

要强渡贫穷和落后的天堑。
要改革，要奋发，两个文明要像空气一样充足，
去实现当年渡江战士的心迹。
一排青年在碑前轻松走过，
朗朗笑声像波涛漫过了碑石。
渡船远去了，留下一个永恒坐标
那是自己在历史面前的位置。

　　　　写于 1980 年

访北京故宫

一份份簇新的游览券像解剖刀
剖开了皇家隐私和秘密
半日没走出独裁者辉煌的殿宇呵
参观者自己只有"人均 10 平方米"

普天之下，莫非王土
这就是最真实的中国史
逼宫的军队一旦把紫禁城团团围住
没有一部历史不可以重新写起

写于 1985 年

清明谒孔墓

一片芜乱杂草，一座隐约枯坟
一个传说在破败荒地上隐身
两千多年尊为万世师表
五十年内两次打倒、掘墓和丧魂

峥嵘古松柏留下了沧桑痕迹
先师开创的事业半祭半殉
倾覆的历史、文化、道德和礼仪
以孔墓为支点，找到了新的平衡

写于 1986 年

南京路有感

——中国最大的一条商业街

一条川流不息的河床
一片日新月异的宝藏
男子被大浪淘汰在岸边
女人像鱼儿跃入了大江

万千财宝在这里交换呵
广告的蛇吻充满了力量
手持钞票，你就是一位女王
满足你所有虚荣和欲望
刚买完几只顶级皮包呵
又预定一打巴黎时装
打上条形码，验明商标，"请付款……"
拥有了全套的私人辉煌

那些母系氏族的猎手呵
心脏跳动得近乎疯狂
首饰，要看是不是新款呵
皮鞋，一口气买下了五双
化妆品瓶流动软黄金
香水盒析出了龙涎香
大盒小包拎得手软呵
信用卡机一遍遍刷得发烫

南京路上，连这页诗也被抢购了
可惜未写完最后的一行
一概用真金白银来付账啊
最后一行……当然是"中国人民银行"

写于 1981 年

你的美

——致女教师

你信步走来，
你的美，像瀑布
冲击大地。

美的天平，不由自主地
过分地倾向于你。
把大街上豆蔻年华的少女，
把红晕、雪颈和窈窕身影……
高高举起，使她们
失去了价值。

你真想交换吗？
用你钻石般的高贵气质
去交换一堆彩色碎玻璃……
那些眩目耀眼的石英姑娘
闪烁着一望便知的
肤浅的东西。

而你戴起智慧王冠，
骄傲挺直公主的身姿。
你的傲慢，你的博学，你的顽皮神气，
不得不隐藏一些起来，
免得伤害了见过你的男子。
而那些同年龄的姑娘，
才发现，收获的篮中
还盛着春天未播的种籽。

这是一种惊人美丽啊，

我远远注视着你，
不肯加入献花者的队列。
我的骄傲与你的骄傲是同胞兄妹，
你望我时我便望向别处，
不让你发现
你的美又一次的胜利。

你的美丽无法抗拒啊，
挣脱才是一种明智的努力。
我的羞怯是绵延不断的礁石，
护卫着心底永远的禁区。
我愿牺牲阳光下所有的财富，
去探知你的美之魔力。

你知道自己有多美吗？
别信我说，
有颗心渴望成为你的镜子……

写于 1981 年

就从这里开始

仿佛是月光下的影子，
亦步亦趋分不开彼此。
两爿磕开的蛋壳，
重合成一个天然球体。
一旦接受了友谊的位置呵，
牢牢捍卫朋友的荣誉。
永远放弃了收获的念头，
牺牲也许无人会知。

    啊，友谊就从这里开始，
      虽然不早毕竟不算太迟。

生活的网眼漏去了一切，
学会了放弃，才学会生存。
你的烦恼，你的痛苦洒满甲板，
人海中寄托不下认真的灵魂。
何不斩断千丝万缕的空虚，
精神富有是可靠的好运。
一旦上路就永不言悔，
坦露出女性全部的热忱。

    啊，生活就从这里开始，
      过去已逝，未来毕竟全新。

两汪秋水蓄满了美丽智慧，
三千青丝轻拂着满天彩霞。
希望常常是无果之花哟，
一路灿烂直铺向海角天涯。
你无权失望，甚至不能迟疑啊，
你怎能自己把自己击垮。

筋疲力尽，你划出最后一桨，
便看见天边新大陆的骨架。
　啊，理想就从这里开始，
　　久匍巢底，毕竟要鹰扬天下。

爱的火山不加警告就爆发了，
亿万吨雷火送往天外。
……退后一步，一切尚可改变，
重新消失在茫茫人海。
生活是无限不循环小数呢，
珍惜这一段偶然的特殊序列吧。
我的追求，旁人总不能理解，
他世并不存在，今生要马力全开。
　啊，感情就从这里开始，
　　虽有波折毕竟爱得痛快。

即使是一个沉重的开始，
也比上百个轻松的结束珍贵。
勇敢走出去，亮出自己的旗帜，
让理想焕发出熠熠光辉。
生活是一只羽翼渐丰的鹰雏，
在更新中滑翔，在奋发中高飞。
远大目标在前面领跑，
阔大翅羽在后面紧紧尾随。
　啊，生命就从这里开始，
　　朋友，连走他三世头不回。

写于 1981 年

参观景德镇陶瓷馆

一排暗灰色的参观队伍
缓缓流过了面前的展橱
眼前一片片灿烂辉煌
心底一条条垂天瀑布

那些怯生生、空虚的心灵啊
那些缺氧萎缩的肺腑啊
那些褪尽色彩任人践踏的旧地毯似履历啊
那些在生活压力下扭曲的眉目啊
那些烛泪几干的奋斗活力啊
那些困守在家庭防线后面的保守视野啊
那些大鲸搁浅般就此终老的笨重身心啊
扩展啊，放大啊……像草原一样宽舒

面前一排排振聋发聩的艺术精品啊
时读时新，又在悟新后进一步品读
一件件举世罕见的旷古奇迹啊
证实了成功与平凡之间的悬殊
机会曾均等地放在每个人面前
问我们怎样撮和命运的泥土
敢取一件也来摆进橱窗
让后来人关注、评点和过目？

走出馆来，天地博大宽舒啊
只留下新一重长久的痛苦
人流消失，历史时时在提醒我
——先生，为您准备一爿展橱？

1986 年 3 月 24 日初稿于景德镇宾馆

2007 年 6 月 7 日二稿于南京

夜进齐鲁

这就是历代相传的那个梦境吗？
山东的原野在暗夜中神秘起伏。
升起车窗，晚风亲吻我的臂膀，
浓浓情思融入黄海之滨的故土。

还记得六百年前远行的那支族人吗？
一笔笔浓墨重彩饱含着山东汉子的情愫。
"齐健隆"年画就此名满天下了，
故乡啊，有多少感激话语要对你倾诉……

1986 年 3 月 31 日初稿于 142 次列车上
2007 年 6 月 7 日二稿于南京

雨游盘山

细雨濡湿了幽静的盘山，
雨珠在山楂、野粟和柿树上挂满。
封山四十年，盘山从深寂中醒来，
淙淙清泉倾述着心境悠远。

雨游盘山，空气格外新鲜啊，
万斛松涛连接起天上和人间。
默诵着一句句摩崖诗句啊，
雨丝密了，洁白的珍珠洒满盘山。

写于 1985 年

漳州之冬

往哪里寻找漳州的冬天啊，
一步步踏进了万紫千红。
漳州冬季藏在怒放的花丛里，
放目望去是一片绿意葱茏。

漳州的港口不泊冬天啊，
也曾劲吹起凛冽的寒风。
那时候，水仙花也被指责批判，
思想的寒流来势汹汹。

人造寒冬永远成为历史了，
闽南话一瓣一瓣绽露馨荣。
漳州，你经济积雪化冻了么？
海上吹来一阵紧似一阵的暖风。

写于 1982 年

厦门夜景

——入夜，于白鹭宾馆 9 楼鸟瞰厦门夜景

白鹭迎着夜风翩翩起舞，
游客在厦门如醉如痴，
远近灯火在时明时灭，
像萤火虫不断钻出和消失。

夜厦门，满地是珍珠和宝石，
由视线勾连和串起。
灯光下一派闪光的生活，
展现出不拘一格的瑰丽。

白鹭降落夜厦门了，
天上地下，星灯争辉斗奇。
让诗句悠远地飞向夜空，
明灭的是衷情，闪烁的是画意。

写于 1982 年

重游鼓浪屿

鼓浪屿，浮游在湛蓝大海上，
如厦门之心在怦怦跳动。
我来了，今日回归你身边，
按捺不住久别重逢的激情。

花树矮墙别有一番风韵，
日光岩穿行着浩荡天风。
鸟语花香伴随着叮咚琴音，
南中国海，浪花齐向这里簇拥。

鼓浪屿啊，你是诗的情人啊，
弯曲海岸线勾勒出逼人的青春。
一波波海浪涌入我的诗行，
把优美小夜曲日夜唱诵。

写于 1985 年

题试剑石

——苏州虎丘，有一块吴王试剑石

试剑石，劈开外壳的一个证据，
见证过吴王宝剑的锋利。
试剑石，一个沉甸甸的事实，
游客脑海泛起一层层涟漪。

假如试剑石陷入了泥土，
宝剑的传说会不会消失？
吴王霸业，还有显赫战功……
从哪里去认识？该怎样追忆？

消失了一项成功的经验啊，
后人就化出更多汗水和力气。
消失了一次惨痛的教训啊，
今天就逼近了新的危机。

让历史上的事实一起回来吧，
铺做今天的坚实路基。
拔出来啊，一柄柄思想利刃，
奋击之下，困难化成了粉齑。

试剑石，是一块试金石啊，
验证后人的勇气和胆识。
走过这里的步伐更加坚实……
从这里出发的背影无比刚毅……

写于 1985 年

早晨，大街上

搭乘梦的末班邮车来了
一缕阳光抹上千家万户邮箱。
打开窗，街区的繁华一览无余，
啊，在早晨的大街上。

昨日苦难在梦凋谢前就结束了，
夜有多黑呵早晨就有多么明亮。
到处是清新空气，遍地是斑斓色彩，
晨跑者加速奔向了前方。

那些乘公共汽车、骑车、步行的人，
面露起跑线前的兴奋和紧张。
大街啊，如一条春汛的河流，
汇聚四面八方，连通千家百巷。

出门，又进门……上班上学的路线，
似一条条五彩纤维繁复细长，
编织啊，大街又如一根巨大缆绳，
牵来街那头鹅黄色、血红色的朝阳。

写于 1974 年

约太祖皇帝同游明故宫

这页诗是一份正式请柬，
搭邮车送往一三七八年。
约太祖皇帝同遊明故宫，
莫辜负万树飘香桂花天。

晨风涌动玉带河上的白雾，
朝晖云集在午朝门前。
欢迎你呀，英武的陛下，
林荫仪仗队恭候了很长时间。

凭着你一统祖国的大业，
历史授予你辉煌的纪念。
九霄云中，二十万工匠神工鬼斧，
三殿九宫的豪华比日月灿烂……

御道两侧波动着玫瑰海洋，
禁城内外涌聚起绿树波澜。
今天，你静静伫立在现实面前，
眺望那琼宇飞檐上的归雁……

出入于戎马倥偬的岁月，
主持过钟鸣鼎食的盛典。
你苍老的心燃烧火焰，
明孝陵岂能安枕酣眠。

信步走来你或许会豁然开朗——
黄金权杖不是历史指南，
凌驾生活是痴人说梦啊，

大土块也拦不住历史的波澜。

拾级而上你可能会恍然大悟——
王侯意志也要臣服客观，
晨曦里总有一片树叶率先反光，
那只是一种不足为奇的偶然。

元朝暴政结下了天下冤仇，
以血洗血磨利了你手中的宝剑。
曾跪下愚昧思想的地方，
必然立起伟大的信念。

绿茵笼罩下的六朝古都啊，
历史的比较总是发人深省。
陛下，连你的对手也敬你三分哪，
奉送上"治隆唐宋"的金匾

白山黑水是一副天然棋盘啊，
洞晓民情才能着着占先，
快登上明故宫的玉栏高阶吧，
让视野放得更宽更远……

写于 1978 年
发表于《雨花》

渔村婚礼

海上的风暴呵来得急，
正赶上渔村的婚礼。
一对新人奔出房来，
报警的螺号在海边响起。

阿哥好似骠悍的骑手，
紧抓住千万朵浪花的鬃须，
在天际追上飘散的渔船……
阿妹呵没留意他的胜利。

阿妹呵好像矫健的海燕，
展翅飞越养殖场每一片海域，
钉牢了一根根动摇的木桩……
阿哥呵没注意到她的功绩。

风暴呵在搏斗中输尽了力气，
还给渔村一个宁静的天地。
星光下一对新人迎面走来，
对望的眼睛中饱含情意。

阿哥撕下一条衣襟
——给你，快包扎擦伤的手臂；
阿妹掸落帽上的灰尘
——给你，下次要把帽带儿紧系。

船工大爷在一旁哈哈大笑，
——漆黑夜，咋看得这般仔细？
小伙们传递羡慕的眼色，

姑娘们窃窃羞笑把头低。

大爷掏烟斗却掏出来个酒杯，
忙乱中把喜酒全洒在怀里。
怪不得众乡亲心里全醉了，
齐夸奖英姿勃勃的小夫妻。

渔家人性情豪爽好酒量呵，
这一巡海水喜酒添情意。
更有那肥鱼大虾满海滩，
渔村婚宴上又多了一份喜礼。

　　　　写于 1972 年

哈罗，努尔哈赤

喂——努尔哈赤
快起来吧，磨利你的宝剑
骑上马把羊群赶出栏来
开始一天的放牧

喂——努尔哈赤
快回来吧，晚餐已香遍了关外
母亲在帐篷门口立了一个时辰
奶茶壶嘶嘶冒着热气

回来了，一串滚雷从天边归来
黑压压一片旗帜和骑兵
大地震颤，羊群吓软了腿
帐篷前聚集起一群英雄

为首的是青年努尔哈赤
二十四岁统一了东北全境
四百年后清福陵前谒者如云啊
哈罗，努尔哈赤

写于 1985 年

灵山洞穴追思

是几亿年的痛楚
一滴滴积累
垒成触目惊心的图腾

凭借着历史的重量
分层次坠向下方
在世人面前显形

在人形的钟乳石间
一名名游客走来走去
分不出有什么不同

导游在出口处清点人数呢
几多是幻影啊
几多是文明

该走的离去了
相同的是历史啊
剩下来只是人形

写于 1985 年

写在沈阳故宫

关外寒风摇响了殿角的银铃
沉甸甸脚步印合上历史回音
宫殿主人昼夜遥望南方
马鞭指向地图上的中原各省

来自马背上的一位普通牧民
离开金顶帐包走向伟大的一生
登上长城他眺望宏大的世界
鞘中的宝剑彻夜长鸣

强大的战力可以拔城摧寨呀
落后的文化却留不住人心
他思索很久，终于大彻大悟了
以华制华，需借重汉族文明……

宫殿主人头也不回离开了
辽阔远方等待他去征服和统领
沈阳宫殿奢侈和繁华啊
拴不住苍鹰高傲孤寂的心灵

写于 1985 年

迷

1

千转百回的山路啊
似一道捉摸不定的蛇踪
目光似竹竿敲敲打打
搜索着远近草丛

忽然，山路完全消失了
像一道来去无影的飞虹
我困在深山老林中啊
前临悬崖，后有绝壁凌空

如果原本就没有路啊
我怎会来到云雾山中
如果当真有一条路啊
为什么眼前是树木纵横

暮色四合，密林开始变脸了
神秘光影在远处晃动
迷路迷得真是时候啊
迷茫的心不知何去何从……

2

莫非是一代代迷路人
化成了面前密密森林
振臂呼救，翘首期盼，奋力攀援……
定格成苦苦挣扎的造型

巨大树枝横过了头顶

向天外鼓动和飞升
似一扇扇运足气力的翅膀
去接近辽阔无涯的星空

巨龙般蟠曲的树根啊
隆起了高高的土垄
一次次离开原地的努力
蓄足了冲天跃起的动能

一度迷茫，并不会了此终身啊
森林里充满了突围憧憬
不管身在何处路在何方啊
昼夜保持急行军的队形

3

才醒悟自己从前的日子
渐渐迷失了自己的初衷
上班啊、交通啊、应酬啊……
做下了多少无用功

为了锱铢一般的目标
耗费了无比宝贵的一生
路本可以走得更远啊
却久久滞留在半程

最可惜读了那么多书
未参透"无功"的时空……
最可怜考了那么多试
落入了"无益"的陷阱……

最可哀办了那么多事

说不出是上行还是下行……
最可叹跟随了那么多人
没走出人际关系迷宫……

4

思绪像一张沉甸甸帆布啊
饱浸雨水变得无比坚硬
我试图翻动它却累瘫在地
迷茫啊真正是何其沉重

迷路迷在各人的心里啊
莫冤枉自己的眼睛
无法判断，不二抉择……
引我们走到了水尽山穷

盲人反不会迷路呢
心中有不可替代的准绳
只有"明眼人"才会失误啊
一再错过路标的提醒

一条山路蓦然出现在脚下
偏偏藏在最不像路的那爿草丛
昨日迷茫任其永远成为过去吧
明天要保持绝对的清醒

写于 1985 年

刚和柔

——访常州国棉一厂

莫不是钢铁像棉花一样柔软
棉花又像钢铁一样坚强
纺机才这样百依百顺
演奏起布匹的和谐乐章
  啊，刚和柔的和谐
   到底源自何方？

一群窈窕的美丽姑娘
纤手像兰花迎风招扬
驾驭猛兽般粗犷的纺机
扣紧了瀑布般飞泻的绳缰
  啊，刚和柔的和谐
   美得无法想象

那些温度、湿度和速度的音符
构成天籁一般的乐响
全自动纺机取代了繁重劳动
巡视车上闪烁着睿智的目光
  啊，刚和柔的和谐
   令人们无限向往

厂区和宿舍如同幽雅花园
窗外处处是鸟语花香
夜校黑板上推演复杂公式啊
小技师又捧回一大抱奖状
  啊，刚和柔的和谐
   这才是第一乐章

写于 1981 年

手扶着

双手啊扶住一副钢铁巨臂
庞大力量在出发点上蕳匐
松开闸，古老农业一蹴而起
挟着风，甩掉落后的羞涩和愤怒

耕地啊，扬场啊，灌溉啊，运输啊……
你舍命拼搏，勇敢地领先一步
需要手扶，也是怕落下了我们
催促咱跟上越来越快的速度

扶着你，扶植大片大片绿苗
扶抱一望无际沉甸甸的稻谷
耕牛的节奏永远成为了历史
一片片翠绿染进祖国的版图

你小小身体里积蓄了多少痛苦
才表现得如此特殊和杰出
长长拖拉机队伍驶出厂门
开向那高原梯田，沙洲滩涂……

常州人把爱情铸进了机器
四季丰收是大地回赠的信物
让双手自信地扶住前程吧
隆隆地驶向繁华锦绣的坦途

写于 1981 年

118

上海滩，今晚没有风

像巨大的舰首
突起在七月的阳光下面
一千万水手在挂帆、解缆、嘎嘎地摇动绞车
航行着古楚国的这艘大船

靓丽外滩是你的舷窗
最先消失在乳一样稀薄的夜晚
上海滩，今晚没有风
每一粒汗水重得像铅

船员像一片干涸的树林
痛苦呻吟从身体内部升起来
扇子，如劫后的树叶摇动不止
生命的温度烫得冒烟

没有风，这艘大船便寸步难行呢
千苦万难成就了优秀船员
从今夜开始打开所有舷窗吧
让海上清爽的风、自由的风、湿润的风灌入心田

写于 1980 年

深处

——丁卯年，湘西迷羊溪原始森林发现巨蟒，
近四十米长，鳞片大如手掌，龄逾千岁

偶现人间
就是一条伟岸长身
无休无止的流动
无穷无尽的尺寸

那几柄，湘西的挖药铲
组合成一把揭开亘古秘密的钥匙
午后，采药人灼热的目光
燎炙着路边的树叶
古潭静水，知了长鸣，一枚踢松的石子
突然按钮般弹起
绿褐色的大型屏幕亮起来了
……秘密飞行的一条身影

像一道闪电击中了地面
蜿蜒百尺，飞弹出林间
草木向两边猛烈地倒下
大地裂开，释放出一股罕见的动能
斑驳的伪装色
巨大的震撼力
似一道突如其来的山洪
向前方快速俯冲

那是何其傲慢的一瞥啊
把采药人击回到胎儿一般软弱
恣意地，任罡风呼啸着上升

林中帝王放慢了巡视领土的速度
厚厚的腐叶上磷火游离
气泡突突地从沼泽上升起
林中的阳光也学会了小心翼翼
漂白成一片茫茫大雾

也许这就是龙的故事
迷羊溪原始森林的一个图腾
被历史耽搁成了虚幻
托付给采药人新的启示
一个巨大问号被掰直了
像钢钎刺穿了岩石的谜底
在底层，那些个负重的身影……
未知的生命必是非同寻常

蛰伏千年，如今一跃而出
不在乎吓碎几颗脆弱的心灵
迷羊溪那道无比巨大的身影啊
启示了几多龙的传人

　　　　写于 1987 年

长江之夜

1

谁见过金陵的长江之夜啊
渔火与街灯连接……
谁见过长江的金陵之夜啊
船歌与星光重叠……

长江像巨龙隐入黑暗啊
汹涌波涛一路上旗鼓鸣乐
夜航船舶似一颗颗音符
在波尖浪谷中从容跳跃

夜色是一幅阔远画布啊
长江是一管色彩斑斓的溶液
通宵达旦恣肆涂抹啊
描绘精彩神秘的世界

远从古蜀国土地上流来啊
饱含情思，直奔秀丽的吴越
多少滩涂湾洲抛在了身后
度过了无数不眠之夜

岸边的礁石轰然坍塌了
浪花之拳硬过了钢铁
江水一往无前直奔出海口
坦坦荡荡的一条通天大街

2

长江之夜一派青春美啊

深蓝色调堪与日月争辉
雄伟和壮丽不输给白昼啊
更有独特的浪漫和妩媚

夜色是晒黑的健康皮肤啊
星斗披风作为顶级的匹配
江水奏响了优雅的小夜曲
述说起乡土情感的芳菲

多少忍住未说的话语啊
在浪花的舌尖上迂回
一起向紫金山和盘托出啊
万尺潮头在燕子矶头拍碎

长江的述说是伟大的史诗
夜的片断是高潮中的精髓
白昼过去让视力休息一下吧
听觉功能就放大了十倍百倍

长江之夜，心灵的一种启示啊
验证出人生意境的优美
轻放下摇天撼地的大橹啊
陷入了彻夜迷思的陶醉

3

我看见的有多少是事实啊
又有多少经得起考验
今夜，一个全新的世界啊
由听觉直接导入心间

两岸之间果真是滔滔江水么

是什么掀起了滔天的波澜
一部轰轰烈烈的中国史
呜咽着凄美地流过身边

先秦诸子，两汉辞赋……
魏晋歌舞，唐宋诗篇……
大明宝船七下西洋啊
江北大营擂响了总攻击的鼓点

所有的业绩随波逝去
全部的荣誉一风吹散
只有滔滔不绝的万古江水
默默在前进中你追我赶

夜更浓了，思想却豁然开朗
一方曙光挂上了紫金山巅
莫辜负长江之夜的思省啊
下一次拂晓该是全新起点

写于 1970 年

连云港大写意

一帆犁海
驶近你的港口
连云港啊
何以润我干渴的喉

幻想哗哗退潮了
锚位上泊一艘太阳火球
云的无敌舰队啊
何时驶离了人间码头

万顷波涛跃入空中
把苍茫水帘挂上云岫
海鸥欢快地舒展翅羽
浪尖上逍遥着一群王侯

步步莲花，一派神仙风姿啊
天边排列开海市蜃楼
海边的诗有辽阔意境
贴切潮汐的神秘节奏

诗笔不也是一叶渔舟吗
沉入波谷，又抛上浪头
长桨入水划出朵朵漩涡
洋面下疾奔着条条暖流

而我的心啊
已泊入梦幻港口
诗的缆绳抛上岸来
系紧了一个宏大追求

写于 1986 年

大成殿抒怀

我在课堂外晃荡多年
恩师啊，学生又回到你面前
列贤同学在两座暗暗为我担心
大成殿，一时间默默无言

这里原本是三间茅屋
如今是皇宫规制的宝殿
周游停止了，授学从未中断
夫子之言已成为文明摇篮

那些形式糟粕伤透你心
祭孔的盛典你视若不见
纪念你的人们想的却是自己
用尽了非儒教的手段

手持书卷，你喝定我立住
把礼义廉耻复诵一遍
两千年了，仍要从第一课讲起
成绩取决于一个人的起点

恩师啊，你的榜样天下皆知
修身养性，永远是诲人不倦
月光下的大地像洁白宣纸
让出殿的脚印认真写卷

写于 1986 年

湖水中映出一座城

1

湖水潋滟六十顷
波光粼粼映古城

城墙嵯峨两百里
锦绣风光收湖中

半湖花树半湖云
满城波涛满城风

城湖结伴三千载
六朝繁华成落英

湖是沐日浴月的玄武湖
城是气雄万古的南京城

2

湖水如镜伴身边
南京身世湖中看

吴王紫髯铸宝剑
石头城下起烽烟

台柳依依鸡鸣寺
武帝赎身亿万钱

明宫钟鼓两相闻
黄册库前禁卫严

更见千队麒麟万凤凰
氤氲烟笼天花散

3

东晋衣冠南唐绨
曾借湖水从容洗

一墨磨尽水几池
巨笔如椽兰亭序

战船五百演进退
陈朝水师飞鸣镝

时局几度枯与荣
帝王多少盛与逝

湖上春秋最迷人
一杯入怀云烟起

4

千年墨龙几沉浮
留下湖名曰玄武

锦绣历史是龙骨呵
南京十度揽天珠

湖边新城拔地起
湖中旧城颜如故

从容解缆泛轻舟

烟云缭绕荷影疏

无意明月悬中天
常把此湖照千古

写于 1987 年

烟云缭绕荷影疏

无意明月悬中天
常把此湖照千古

屋顶是一册天书

——江南传统民居，屋顶像一本打开的书卷

屋顶是一册厚重的书卷
入睡前展现在主人面前
眼也许闭了，心开始阅读
夜晚在校对喧嚣的白天

一页是疲惫痛苦和绝望
一页是幸福得意和忘颜
历史厚重积淀在书卷里
彻夜启示酣睡的心田
屋顶天书翻到了新一页
探索明天未知的答案
我安静下来陷入了深思
恬淡的梦境何其悠然

祖先通读一本本天书啊
长夜深思化作了力量源泉
彻悟像一抹灿烂的朝霞
在心窗上恣肆地渲染
昨之夜的暴雪骤雨啊
今之晨的星河霄汉啊
屋顶有多少无形的文字
呈现在每个人的面前

屋顶是一册厚重的书卷
宏大智慧不借助任何语言
用心去读就收获连连啊
生活的真谛播入了心田

写于1986年

早晨七时，南京林荫道

1、三山街人行道

多少匆匆的弹性脚步
轻叩着人行道长长的琴键
生命之曲升起来拥抱城市
南京啊，祝你晨安

倾注了生命的全部重量啊
才肯用双足替换下指尖
金灿灿光线是辉煌的乐音
奏响了南京新的一天

一辆辆童车推来成长的幸福
女学生边走边背诵李白诗篇
上班去，上学去，忍不住跑上几步
配上一组生气蓬勃的和弦

小学生嘻嘻哈哈追过来了
躲藏在粗大的林荫树后面
冷不防趔趄着差点跌倒
人行道乐章嵌入一组愉悦的快板

2、珠江路慢车道

一朵朵飞旋闪光的圆形浪花
在慢车道上闪电般滑过
自行车潮水席卷而来啊
层层浪花反射着光泽

红灯流星升起来了
浪花啊在路口挤出了漩涡
绿灯流星落下去了
浪花啊化成了流动的牧歌

运动的圆啊，圆在运动
闪闪的浪花宣泄着快乐
地球和太阳不也是两朵大浪花吗
好一辆顶天立地的大自行车

一朵朵飞旋的圆形浪花
在慢车道上闪电般滑过
莫不是追上那大浪花了
流来玫瑰紫，飞去胭脂色

3、鼓楼广场快车道

好一座地上的星系啊
古城南京的一个奇迹
广场外围的快车道啊
瑰丽宏大的银河系

四分之一弧，半圆，一道道轨迹
斗转星移是一组天文数字
一座座四轮的"卫星"啊
获得新的宇宙速度离去

假如火星人注视到了这里
屏幕前苦苦思索一个问题
地球上这片忙碌的星系啊

与太阳升起有什么联系

四分之一弧和半圆啊
是太阳轨迹的亿万分之一
成千上万组合在一起
如日东升，建立起伟大业绩

写于 1979 年端午

写在南京街头（四则）

树荫

仿佛是十万丛碧绿的焰火
灿然开放成一片氤氲
枝叶承受住刺目的阳光
送大地一片清凉的绿荫

牺牲的精神，崇高的灵魂
完满地覆盖住城市的身心
千遍万遍从绿荫下走过
问自己有没有佑助他人

广场

人潮从八方四面涌入
车流向四面八方驶出
广场上什么也不留下
只留下满意和祝福

宽广是这里的显著标志
眼界在这里畅通无阻
胸襟一下子宽敞起来了
豪情在每个人心头常驻

古迹

六朝石刻坚守着千年孤寂
朱雀桥头埋藏着长乐渡的秘密
明皇宫础石历历在目啊

台城杨柳摇摆出一片新绿

视力熟读过的历史啊
脑力需再三地思考仔细
明城墙又高又长围住了昨天
挡不住一番全新的认识

　　　大桥

彩虹多少次掠过两岸
扮演憧憬中桥的角色
长江大桥把神话变成了现实
铁路和公路架上了江波

彩虹从此天天矗立在两岸
连通了南北的呼吸和脉搏
点点白帆轻快地驶过桥下
汽笛声声应和着渔歌

　　　写于 1972 年

老水手

一幢海边的旧屋
冷冷地绷紧了表情
离奇的传说早已风干了
板壁一道道裂纹

那晚，一豆微弱渔火
鼓足了最大的勇气
像一枚神秘的标签
贴上了小舟的船艄
老水手解开了船缆
默默消失在黑暗中

半夜，月亮出来了
远海的景致分外迷人
耀眼光带在海底流动
透射出莫测的诡异
在不为人知的深海下面
暗影一再在痛苦打滚
扭曲的力交织在一起
气急败坏地下沉

一艘沉船在面前浮起
海神的雕像昂首入云
在它身后，帆樯如林啊
船只幽灵编队驶近
桅索牵连是显赫的勋带
中世纪的船板嵌满金银
餐桌上堆满丰盛食品

咖啡壶袅袅水汽保留下余温

老水手屏住了呼吸
约会似地全身颤抖
白发在海风中飘散
目光燃烧着狂热
他把手伸进海水
久久抚摸海流的脊背

干鱼似的小船痉挛一下
海水猛烈地向两边分开
一道强烈白光直刺天穹
颠覆了周围的黑暗
老水手摸索着解开渔网
船舱中出现一座古瓶

海藻和贝壳的装饰
掩不住瓶身上精美的图案
瓶耳闪烁着刺目银光
映出一组远古的花纹
验证天地的久远
占卜旦夕的祸福

老水手一声叹息
瓶身的颜色急速变化
浅绿突然泛出了胭脂
又放射出尊贵的明黄
海水温度一会儿冰冷
一会儿又热得发烫

古瓶重新扔入了海水

老水手掩住面孔开始哭泣
命运总是垂青于他
而他无力做出重大决定
泪水浮起了小船
在云层上快速飞行

该返航了，像一只
高速抛出的铅球
拉长成船形的模样
老水手骨节粗大的双手
握紧了湿漉漉的双桨
一条箭鱼跃起后又消失了
留下一抹流线型的空白

写于 1988 年

皮肤是太阳颜色

皮肤有着太阳的颜色
亚洲是一座露天金矿
男子、姑娘，还有呢喃的婴儿
皮肤闪耀着太阳的光芒
太阳肤色的黄种人呵
寄托了造物主美好的愿望
东亚大陆宽阔而舒展
南亚山水硕长而健壮

有着太阳肤色的人
勤劳的双手建成人间天堂
稻米呵堆上了云间
鲜花呵吐露出芬芳
吴哥窟仿佛是天宫的造影
巴厘岛浓缩了千古理想
一望无际的万里长城啊
舒展开秦始皇的瑰丽想象

有着太阳肤色的人啊
体现出活跃美丽的形象
一代代神话植根于古老文化
富庶而又深厚的土壤
大陆和大陆架七彩斑斓
到处闪耀着璀璨光芒
亚洲闪光，中国闪光
南京闪光，我在闪光

皮肤是太阳的颜色

身心像太阳一样健康
结实臂膀开拓崭新天地
挺直腰杆承受千钧重量
欢笑和歌声似叮咚泉水
日夜不息在心中流淌
心灵像透明的棱镜
把日光分解成七彩辉煌

皮肤是太阳的颜色
思想像太阳一样明亮
崇拜美，崇尚正义和诚信
心地像新叶舒展那样善良
正直的性格宁折不弯呵
热情开放如洞开的门窗
信赖别人，别人也相信自己
人格铸成尊严的殿堂

皮肤是太阳的颜色
生活像太阳一样欢畅
高速公路连接起穷乡僻壤
宽敞住宅容下了最大的梦想
视听绚烂如同是百花园
学校回归成孩子天堂
社会保障做到了无微不至
满足供应着氢氮氧

为什么会有太阳的肤色——
千古之问在亚洲大陆上叩响
这土地经受过太多苦痛
激发出无比灿烂的梦想
为什么会有太阳的肤色——

思想之锚下沉到最深的地方
是巧合，还是意味深长的暗示呢
答案下埋有无穷的宝藏

为什么会有太阳的肤色
问大海，问高山，问地老天荒
啊，皮肤的颜色可以是黄红白黑
生命的色彩一定要壮丽辉煌
肤色折射出人生的玄秘
肤色解释出生活的真相
自己是热，自己是光
自己就是全部，全部的希望

写于 1986 年

明城墙

镌字城砖，一块块
垒高了斑驳的历史
明城墙，一方古老的中国印
大写南京的名字
凛冽寒流，如磐风雨……
止于你伟岸身躯
清兵箭矢，日军炮火……
阻于你浩然正气
城堞敛来扬子江的灵动啊
根基植入了紫金山的坚毅
你是一卷展开的书简呢
让南京人昼夜温习……
　　今天，在明城墙下轻轻走过
　　拾起多少围城、突围的故事

写于 2004 年 4 月 26 日
发表于《南京日报》

微笑之吟

那是水清透明之夜
玄武湖底绽放的
一弯月影啊

映亮古老城墙
放大成沁人肺腑的
一圈圈涟漪

是多少坚冰的消融啊
一层层打磨岁月
从眼底热到了心底

造就了金陵人
对磨盘般的艰辛生活
报以从容气质

南京厚重土地上呵
随处可见晶莹月牙儿的
亮灿灿标记

匆匆路人
彼此温馨一哂中
真实认识了自己

君不见，弯弯月影
早已从池边、杯中、碗底……
移入滚烫的血滴

写于 2005 年

发表于《南京日报》

我畏惧了

我畏惧了，紧拽住
你若即若离的目光
像沉向万丈深渊的溺海者
握住一条绳索状的希望
　　姑娘，心开始下沉
　　　　在茫茫黑暗中迷失方向

我畏惧了，屏掩住
一声撕云裂帛的呼喊
燕赵壮士的冷峻和自矜
融化在你温柔的目光
　　姑娘，爱是非凡的神火
　　　　能给我回转乾坤的力量

我畏惧了，四处去寻你
心的花瓣在寂寞中枯黄
孤独之蛇从脊梁上滑过
一片惊心动魄的凄凉
　　姑娘，你的唇香起死回生
　　　　在梦魇中重现昔日辉煌

我畏惧了，痛苦是何其锋利
一次一次把我割伤
苦苦挣扎，心儿在流血
恐怖雷霆直落我的心房
　　姑娘，畏惧是一枚砝码
　　　　称出了我感情的重量

写于 1995 年 12 月 20 日

雁南飞

一

师出同门初三丁，
雁群汇聚向苍穹。
察哈尔路初学飞，
五十有八雏雁升。
低飞翩翩才与智，
高鹜迢迢志与情。
求知不惮冬窗寒，
朗朗书声洗星空。
陆郎割麦手笨拙，
甘家巷前担浮萍。
草坪"斗鸡"齐落败，
河上独木人娉婷。
孺子喜读凡尔纳，
灯黑细述环球行。
忽遇寒流六六年，
雁阵凌乱各西东。

二

雁去雁来多少载？
九一年秋始集中。
相见不敢直声呼，
左右轻声问姓名。
离时花苞沾露滴，
换作霜雪压青松。
梅园新村桂花雨，
总统府畔祥云拥。
从此雁阵不曾散，
你呼我唤排队形。

赤壁路上徘徊影，
海外同学欢笑声。
百年校庆大检阅，
杯觥交错泪沾襟。
昨日同座今何在？
一声珍重心震动。

三

转瞬集体庆花甲，
考察编辑忙不停。
白鹭岛前桃花水，
泗洪石碑情谊重。
炎夏编纂汗如雨，
路畔小楼半夜灯。
秋高气爽拉大幕，
母校合影列群英。
五十有四雁归来，
斑白鬓发笑盈盈。
香泉湖水起涟漪，
霸王祠前稻香浓。
一杯清茶胜醇酒，
醉倒多少同窗情。
齐声合唱山回音，
孰知何人回江东？

四

今日恢宏初三丁，
雁群栖落在山顶。
一览众山无余处，
博大瑰丽是人生。
雁南飞，飞不停，

芊芊秀山如布景。
过眼烟云尽散去，
移步换景心平静。
雁南飞，高千仞，
迷障雾阵全看清。
识破风雨与霜雪，
大气磅礴眼更明。
雁南飞，驾长风，
山外青山峰外峰。
队形渐变万人赞，
大写人字在长空。

写于 2010 年 7 月 30 日

www.ingramcontent.com/pod-product-compliance
Lightning Source LLC
Chambersburg PA
CBHW080943190726
48293CB00009B/2639